The Mysterious Cases of Private Detective Müller: Bilingual German-English Short Stories

Coledown Bilingual Books

Published by Coledown Bilingual Books, 2023.

While every precaution has been taken in the preparation of this book, the publisher assumes no responsibility for errors or omissions, or for damages resulting from the use of the information contained herein.

THE MYSTERIOUS CASES OF PRIVATE DETECTIVE MÜLLER: BILINGUAL GERMAN-ENGLISH SHORT STORIES

First edition. September 26, 2023.

Copyright © 2023 Coledown Bilingual Books.

ISBN: 979-8223980353

Written by Coledown Bilingual Books.

Table of Contents

Die Mysteriösen Fälle des Privatdetektivs Müller

Die Münchner Sonne schien hell an diesem klaren Frühlingsmorgen, als Privatdetektiv Müller in seinem gemütlichen Büro am Sendlinger Tor saß. Sein Büro war ein kleiner Raum, der von der Stadt übersehen wurde, genau wie er selbst es bevorzugte. Mit einem Faible für den Charme der Vergangenheit und einer Abneigung gegen moderne Technologie, setzte Müller immer noch auf seine vertrauenswürdige Schreibmaschine, um seine Fälle zu dokumentieren.

Die Tür öffnete sich mit einem leisen Knarren, und Müller hob den Kopf, um einen jungen Mann zu sehen, der in den Raum trat. Der Mann war von Kopf bis Fuß in schäbiges Gewand gehüllt, als käme er direkt aus dem Theater. Sein Gesicht zeugte von Verzweiflung, und er sprach mit einer zitternden Stimme.

"Herr Müller, ich brauche dringend Ihre Hilfe", stammelte er. "Mein Name ist Friedrich Wagner, und ich fürchte, mein Leben ist in Gefahr."

Müller schob seine runde Brille auf die Nase und betrachtete den jungen Mann genauer. "Setzen Sie sich, Herr Wagner. Erzählen Sie mir alles."

Friedrich Wagner erzählte Müller von einer alten Familienlegende, die seit Generationen in seiner Familie weitergegeben wurde. Es wurde gesagt, dass sein Ururgroßvater, ein berühmter Uhrmacher, ein wertvolles Erbstück geschaffen hatte - eine einzigartige Taschenuhr, die angeblich über geheime Kräfte verfügte.

"Die Uhr ist verschwunden, Herr Müller", sagte Friedrich mit leiser Stimme. "Mein Vater hat sie mir kurz vor seinem Tod anvertraut, und ich habe sie immer gut aufbewahrt. Doch vor wenigen Tagen wurde sie gestohlen."

Müller legte nachdenklich die Fingerspitzen aneinander. "Erzählen Sie mir mehr über den Diebstahl, Herr Wagner."

Friedrich erklärte, dass er die Uhr in seinem alten Herrenhaus außerhalb von München aufbewahrte. In der Nacht des Diebstahls hatte er seltsame Geräusche gehört und war hinuntergegangen, um nachzusehen. Die Uhr war verschwunden, und ein unbekannter Einbrecher hatte das Haus durchsucht.

Müller beschloss, den Fall anzunehmen und begann seine Ermittlungen. Er besuchte Friedrich Wagners Herrenhaus, wo er auf Spuren stieß, die auf ein Geheimnis hinwiesen. Alte Tagebücher und Briefe deuteten darauf hin, dass die mysteriöse Uhr tatsächlich über besondere Kräfte verfügen könnte.

Während seiner Recherchen traf Müller auf eine bunte Gruppe von Verdächtigen, darunter einen geheimnisvollen Antiquitätenhändler, eine exzentrische Wahrsagerin und einen verbitterten Verwandten der Wagners. Jeder schien ein Motiv zu haben, die Uhr zu stehlen.

Müller folgte den Hinweisen und Spuren durch die malerischen Straßen von München. Immer wieder stieß er auf unerwartete Wendungen und entdeckte die versteckten Geheimnisse der Familie Wagner. Das Rätsel um die verschwundene Uhr schien immer tiefer zu werden.

Schließlich kam Müller einer alten Legende auf die Spur, die von einem Uhrmachermeister handelte, der vor Jahrhunderten in München gelebt hatte. Es wurde gesagt, dass er eine Uhr geschaffen hatte, die in der Lage war, die Zeit zu manipulieren und das Schicksal zu beeinflussen.

Müller konnte kaum glauben, dass eine solche Uhr existierte, aber die Beweise schienen unaufhaltsam zu sein. Er versammelte alle Verdächtigen in einem geheimen Raum in seinem Büro und enthüllte schließlich die Wahrheit.

Die Uhr hatte tatsächlich geheime Kräfte, und jeder der Verdächtigen hatte versucht, sie in seinen Besitz zu bringen. Doch die Uhr hatte ihren eigenen Plan. In einem spannenden Finale zeigte sich, dass die Uhr selbst eine Art von Bewusstsein besaß und den Diebstahl geplant hatte, um eine jahrhundertealte Schuld zu begleichen.

Mit der Wahrheit enthüllt und der Uhr wieder sicher in den Händen von Friedrich Wagner, konnte Müller den Fall abschließen. Die mysteriöse Uhr wurde an einen sicheren Ort gebracht, und die Familie Wagner konnte endlich ihren Frieden finden.

Privatdetektiv Müller saß wieder in seinem Büro, die Sonne schien durch das Fenster, und er tippte die Details des Falls auf seiner alten Schreibmaschine. Er hatte wieder einmal bewiesen, dass Geheimnisse und Rätsel in den Gassen von München niemals endeten, und dass er, Detektiv Müller, immer bereit war, sie zu lösen.

The Mysterious Cases of Private Detective Müller

The Munich sun shone brightly on this clear spring morning as Private Detective Müller sat in his cozy office at Sendlinger Tor. His office was a small room overlooked by the city, just as he preferred. With an affinity for the charm of the past and a dislike for modern technology, Müller still relied on his trusty typewriter to document his cases.

The door opened with a faint creak, and Müller raised his head to see a young man entering the room. The man was clad in shabby attire from head to toe, as if he had just stepped out of the theater. His face bore an expression of desperation, and he spoke with a trembling voice.

"Mr. Müller, I urgently need your help," he stammered. "My name is Friedrich Wagner, and I fear my life is in danger."

Müller pushed his round glasses up his nose and regarded the young man closely. "Please, have a seat, Mr. Wagner. Tell me everything."

Friedrich Wagner told Müller about an old family legend that had been passed down through generations. It was said that his great-grandfather, a renowned watchmaker, had created a valuable heirloom—a unique pocket watch that purportedly possessed secret powers.

"The watch has gone missing, Mr. Müller," Friedrich said in a hushed tone. "My father entrusted it to me shortly before his death, and I have always kept it safe. But a few days ago, it was stolen."

Müller interlaced his fingertips thoughtfully. "Tell me more about the theft, Mr. Wagner."

Friedrich explained that he kept the watch in his ancestral mansion outside of Munich. On the night of the theft, he had heard strange noises and had gone downstairs to investigate. The watch was gone, and an unknown intruder had ransacked the house.

Müller decided to take on the case and initiated his investigation. He visited Friedrich Wagner's mansion, where he uncovered clues pointing to a mystery. Old diaries and letters suggested that the enigmatic watch might indeed possess extraordinary powers.

During his inquiries, Müller encountered a colorful cast of suspects, including a mysterious antique dealer, an eccentric fortune teller, and a resentful Wagner relative. Each seemed to have a motive for stealing the watch.

Müller followed leads and tracks through the picturesque streets of Munich. Time and again, he stumbled upon unexpected twists and uncovered the hidden secrets of the Wagner family. The puzzle of the vanished watch seemed to grow deeper with every revelation.

Eventually, Müller stumbled upon an ancient legend that revolved around a master watchmaker who had lived in Munich centuries ago. It was said that he had crafted a clock capable of manipulating time and influencing destiny.

Müller could hardly believe that such a clock existed, but the evidence appeared undeniable. He gathered all the suspects in a secret chamber in his office and finally revealed the truth.

The watch did indeed possess secret powers, and each of the suspects had attempted to acquire it. However, the watch had its own agenda. In a thrilling climax, it became evident that the watch itself possessed a form of consciousness and had orchestrated the theft to settle an age-old debt.

With the truth unveiled and the watch safely returned to Friedrich Wagner, Müller closed the case. The mysterious watch was placed in a secure location, and the Wagner family could finally find their peace.

Private Detective Müller sat in his office once again, the sun streaming through the window, typing the details of the case on his old typewriter. He had once again proven that secrets and enigmas never ceased in the streets of Munich, and that he, Detective Müller, was always ready to solve them.

Die Verschwundene Dame

München, ein nebliger Herbstmorgen. Privatdetektiv Müller saß in seinem Büro und betrachtete den Regen, der gegen das Fenster prasselte. Sein Schreibtisch war mit alten Fallakten übersät, und der Duft von verblasstem Papier hing in der Luft. Doch heute würde ein neuer Fall sein Büro betreten.

Es klopfte an der Tür, und eine Frau trat ein. Ihr Name war Anna Berger, eine elegante Dame mittleren Alters. Ihre Augen spiegelten Verzweiflung wider, als sie Müller ansprach.

"Herr Müller, meine Schwester ist verschwunden. Sie verschwand vor zwei Tagen, und die Polizei konnte nichts finden. Bitte helfen Sie mir."

Müller musterte sie sorgfältig. "Setzen Sie sich, Frau Berger, und erzählen Sie mir alles."

Anna Berger erzählte Müller von ihrer Schwester, Sophie, einer erfolgreichen Galeristin. Sophie war unauffällig verschwunden, und die Familie befürchtete das Schlimmste. Es gab keine Hinweise, keine Notizen, nur ein mysteriöses Gemälde, das in Sophies Wohnung gefunden worden war.

Müller begann seine Ermittlungen, indem er sich das Gemälde näher ansah. Es stellte sich heraus, dass es von einem unbekannten Künstler stammte und ein rätselhaftes Symbol aufwies. Dieses Symbol führte Müller auf eine Spur, die tief in die Kunstwelt von München führte.

Während seiner Recherchen tauchte Müller in die schillernde Kunstszene ein. Er traf auf zwielichtige Galeristen, ehrgeizige Künstler und reiche Kunstsammler. Jeder schien ein Geheimnis zu haben, und alle leugneten jegliche Verbindung zu Sophie Bergers Verschwinden.

Müller erkannte, dass die Kunstwelt ihre eigenen Gesetze hatte, und er begann, ein Netz aus Lügen und Intrigen zu entwirren. Sophie hatte tief in den Kunstmarkt eingegriffen, und Müller stieß auf eine Spur von dubiosen Transaktionen und gestohlenen Gemälden.

Schließlich kam Müller einem gefährlichen Kunstfälscherring auf die Spur, der Sophies Verschwinden orchestriert hatte. Die Galeristin hatte Beweise für die Fälschungen entdeckt und war kurz davor, die Behörden einzuschalten.

In einem dramatischen Finale stellte sich heraus, dass Sophie Berger gefangen gehalten wurde, um sie am Enthüllen des Kunstfälschungsrings zu hindern. Müller kämpfte gegen die Kriminellen und befreite sie.

Sophie Berger war gerettet, und der Kunstfälscherring wurde zerschlagen. Die Kunstwerke wurden sichergestellt, und die Galeristin konnte endlich zur Ruhe kommen.

Müller saß in seinem Büro und notierte die Details des Falles. Der Regen hatte aufgehört, und ein Hauch von Herbstluft strömte herein. Er hatte wieder einmal bewiesen, dass die Wahrheit selbst in den schillerndsten Kreisen gefunden werden konnte.

Die Geschichte von Privatdetektiv Müller und seinem neuesten Fall würde sich in den geheimen Ecken von München weitererzählen, während er sich auf das nächste Rätsel vorbereitete.

The Vanished Lady

Munich, a foggy autumn morning. Private Detective Müller sat in his office, gazing at the rain beating against the window. His desk was cluttered with old case files, and the scent of faded paper lingered in the air. Yet today, a new case would enter his office.

There was a knock at the door, and a woman entered. Her name was Anna Berger, an elegant middle-aged lady. Desperation filled her eyes as she addressed Müller.

"Mr. Müller, my sister has disappeared. She vanished two days ago, and the police couldn't find anything. Please, help me."

Müller studied her carefully. "Please, have a seat, Mrs. Berger, and tell me everything."

Anna Berger told Müller about her sister, Sophie, a successful art gallery owner. Sophie had disappeared without a trace, and the family feared the worst. There were no clues, no notes, just a mysterious painting found in Sophie's apartment.

Müller began his investigation by examining the painting closely. It turned out to be the work of an unknown artist and bore a cryptic symbol. This symbol led Müller on a trail deep into Munich's art world.

During his inquiries, Müller delved into the vibrant art scene. He encountered shady gallery owners, ambitious artists, and wealthy art collectors. Everyone seemed to have a secret, and all denied any connection to Sophie Berger's disappearance.

Müller realized that the art world had its own rules, and he started unraveling a web of lies and intrigues. Sophie had delved deeply into the art market, and Müller uncovered a trail of dubious transactions and stolen paintings.

Finally, Müller uncovered a dangerous art forgery ring behind Sophie's disappearance. The gallery owner had discovered evidence of the forgeries and was about to report it to the authorities.

In a dramatic climax, it was revealed that Sophie Berger had been held captive to prevent her from exposing the art forgery ring. Müller battled the criminals and rescued her.

Sophie Berger was saved, and the art forgery ring was dismantled. The artworks were seized, and the gallery owner could finally find some peace.

Müller sat in his office, jotting down the details of the case. The rain had ceased, and a hint of autumn air wafted in. Once again, he had proven that the truth could be found even in the most dazzling circles.

The tale of Private Detective Müller and his latest case would continue to be whispered in the secret corners of Munich as he prepared for the next mystery.

Der Fall des verschwundenen Erbstücks

Es war ein eiskalter Winterabend in München, als Privatdetektiv Müller in seinem behaglichen Büro saß und in einem alten Krimiroman schmökerte. Die Straßen draußen waren mit Schnee bedeckt, und der Duft von Glühwein stieg aus den nahegelegenen Weihnachtsmärkten auf.

Plötzlich klopfte es an seiner Tür, und eine ältere Frau trat ein. Ihr Name war Elisabeth Müller, und sie hatte eine besorgte Miene.

"Herr Müller, ich brauche dringend Ihre Hilfe", sagte sie. "Mein Großvater ist vor vielen Jahren spurlos verschwunden, und ich habe gerade einen mysteriösen Brief erhalten, der auf sein Erbstück hinweist."

Müller legte seinen Roman beiseite und schaute Frau Müller aufmerksam an. "Bitte, nehmen Sie Platz, Frau Müller, und erzählen Sie mir alles."

Elisabeth Müller erzählte von ihrem Großvater, Ernst Müller, einem berühmten Uhrmacher, der vor Jahrzehnten aus München verschwunden war. Die Familie hatte nie erfahren, was mit ihm geschehen war. Doch vor kurzem hatte sie einen anonymen Brief erhalten, der behauptete, das verlorene Erbstück des Uhrmachers zu kennen.

In dem Brief war ein rätselhaftes Gedicht enthalten, das auf den Verbleib des Erbstücks hinwies. Es handelte von Sternen, Zeit und einem verborgenen Ort in den bayerischen Alpen.

Müller spitzte die Ohren. "Das klingt nach einem faszinierenden Rätsel, Frau Müller. Ich werde Ihnen helfen, Ihren Großvater zu finden und das Erbstück aufzuspüren."

Müller begann seine Ermittlungen, indem er das Gedicht im Brief entschlüsselte. Es führte ihn in die abgelegenen Täler der bayerischen Alpen, wo er nach Hinweisen auf Ernst Müller suchte.

Unterwegs traf er auf Dorfbewohner, die sich an den verschollenen Uhrmacher erinnerten, und auf Spuren, die in eine vergessene Bergwerksgeschichte führten. Je tiefer er in die Berge vordrang, desto mehr Geheimnisse über die Vergangenheit des Uhrmachers und sein Erbstück kamen ans Licht.

Schließlich gelang es Müller, den versteckten Ort aus dem Gedicht zu finden, einen abgelegenen alten Bergstollen hoch oben in den Alpen. Dort stieß er auf ein verborgenes Uhrmacheratelier, in dem die kostbaren Werke von Ernst Müller aufbewahrt wurden.

Die Geschichte von Ernst Müllers Verschwinden wurde enthüllt. Er hatte sich bewusst in die Berge zurückgezogen, um seine einzigartigen Uhren in Frieden herstellen zu können. Doch das Geheimnis seines Aufenthaltsortes war streng gehütet worden, bis Elisabeth Müller den anonymen Brief erhalten hatte.

Elisabeth Müller konnte endlich die wertvollen Uhren ihres Großvaters in Empfang nehmen und seine Geschichte kennenlernen. Sie war gerührt von der Liebe und Leidenschaft, mit der Ernst Müller seine Kunst betrieben hatte.

Privatdetektiv Müller kehrte nach München zurück und saß in seinem Büro, zufrieden mit einem weiteren gelösten Rätsel. Der Schnee fiel weiter, und die Weihnachtsstimmung lag in der Luft. Während er wieder in seinen Krimiroman eintauchte, dachte er daran, dass in den Geschichten und Geheimnissen der Stadt immer noch viele unentdeckte Abenteuer lauerten.

The Case of the Missing Heirloom

It was a bitterly cold winter evening in Munich, and Private Detective Müller sat in his cozy office, engrossed in an old mystery novel. The streets outside were covered in snow, and the scent of mulled wine wafted in from the nearby Christmas markets.

Suddenly, there was a knock on his door, and an elderly woman entered. Her name was Elisabeth Müller, and she wore a worried expression.

"Mr. Müller, I urgently need your help," she said. "My grandfather disappeared without a trace many years ago, and I've just received a mysterious letter hinting at his heirloom."

Müller set aside his novel and looked attentively at Mrs. Müller. "Please, have a seat, Mrs. Müller, and tell me everything."

Elisabeth Müller recounted the story of her grandfather, Ernst Müller, a famous watchmaker who had disappeared from Munich decades ago. The family had never learned what had happened to him. However, recently, she had received an anonymous letter claiming to know the whereabouts of the watchmaker's lost heirloom.

The letter contained a cryptic poem that pointed to the location of the heirloom. It spoke of stars, time, and a hidden place in the Bavarian Alps.

Müller perked up. "That sounds like a fascinating puzzle, Mrs. Müller. I will help you find your grandfather and trace the heirloom."

Müller initiated his investigation by deciphering the poem in the letter. It led him to the remote valleys of the Bavarian Alps, where he searched for clues about Ernst Müller.

Along the way, he encountered villagers who remembered the vanished watchmaker and discovered traces that led to a forgotten mining history. The deeper he ventured into the mountains, the more secrets about the watchmaker's past and his heirloom came to light.

Eventually, Müller managed to locate the hidden place mentioned in the poem—an isolated old mine high up in the Alps. There, he stumbled upon a concealed watchmaking workshop, where the precious works of Ernst Müller were preserved.

The story of Ernst Müller's disappearance was unveiled. He had intentionally retreated to the mountains to craft his unique timepieces in peace. However, the secret of his whereabouts had been closely guarded until Elisabeth Müller received the anonymous letter.

Elisabeth Müller could finally take possession of her grandfather's precious watches and learn about his history. She was moved by the love and passion with which Ernst Müller had pursued his art.

Private Detective Müller returned to Munich, sitting in his office, content with another solved puzzle. The snow continued to fall, and the Christmas spirit hung in the air. As he delved back into his mystery novel, he thought about how many undiscovered adventures still lay within the stories and secrets of the city.

Das Geheimnis der Verschwundenen Perlen

Ein lauer Frühlingsabend in München, die Stadt erwachte zu neuem Leben. Privatdetektiv Müller saß in seinem Büro und sortierte alte Fallakten, als das Telefon klingelte. Er hob ab, und eine aufgeregte Stimme erklang.

"Bitte, Herr Müller, Sie müssen mir helfen!", sagte die verzweifelte Frau am anderen Ende der Leitung. "Meine wertvollen Perlen sind verschwunden, und die Polizei hat keine Spur!"

Müller spitzte die Ohren. "Beruhigen Sie sich, meine Dame. Ich bin Privatdetektiv Müller, und ich werde alles tun, um Ihnen zu helfen. Wie heißen Sie?"

Die Frau stellte sich als Helena von Braun vor und erzählte, dass die verschwundenen Perlen ein Familienstück von unschätzbarem Wert waren, das seit Generationen weitergegeben wurde.

Müller vereinbarte ein Treffen mit Helena von Braun in seinem Büro. Sie erzählte ihm, dass die Perlen in einem Familienerbstück, einer wertvollen Halskette, eingeschlossen waren. Diese Kette war seit jeher das Herzstück ihrer Familie und ein Symbol von Ansehen und Wohlstand.

Die Perlen waren während einer Veranstaltung in Helenas prächtigem Anwesen verschwunden. Niemand konnte erklären, wie sie gestohlen worden waren, und die Polizei stand vor einem Rätsel.

Müller übernahm den Fall und begann, Hinweise zu sammeln und Verdächtige zu befragen. Dabei stellte er fest, dass die von Braun-Familie viele Geheimnisse hatte, die tief in ihrer Geschichte verwurzelt waren.

Die Ermittlungen führten Müller in die Welt der High Society von München. Er traf auf ehrgeizige Geschäftsleute, neidische Rivalen und exzentrische Künstler, die alle ein Motiv hätten, die kostbaren Perlen zu stehlen.

Während seiner Nachforschungen deckte Müller auch familiäre Spannungen und verborgene Feindschaften innerhalb der von Braun-Familie auf. Es schien, als ob nicht alle Familienmitglieder gleichermaßen am Erhalt des Familienerbstücks interessiert waren.

Schließlich kam Müller einem geheimen Liebesdrama aus der Vergangenheit auf die Spur, das mit den verschwundenen Perlen in Verbindung stand. Es stellte sich heraus, dass Helena von Braun eine unglückliche Liebe in ihrer Jugend hatte und die Perlen einen bedeutenden Platz in dieser Geschichte einnahmen.

Die wertvollen Perlen waren nicht gestohlen worden, sondern von Helena selbst versteckt worden, um ihre Erinnerungen an die vergangene Liebe zu bewahren. Das Rätsel war gelöst.

Helena von Braun war erleichtert, als sie erkannte, dass die Perlen nie gestohlen worden waren. Die Familie konnte endlich zur Ruhe kommen und die wertvolle Erinnerung an ihre Vergangenheit bewahren.

Müller kehrte in sein Büro zurück und fühlte die warme Frühlingsbrise durch das geöffnete Fenster. Ein weiterer Fall war erfolgreich abgeschlossen, und er dachte darüber nach, wie viele Geschichten und Geheimnisse noch darauf warteten, gelüftet zu werden in den Straßen von München.

The Mystery of the Vanishing Pearls

A mild spring evening in Munich, the city was coming to life. Private Detective Müller sat in his office, sorting through old case files when the phone rang. He picked up, and an agitated voice spoke on the other end.

"Please, Mr. Müller, you must help me!" said the distressed woman on the line. "My valuable pearls have disappeared, and the police have no leads!"

Müller perked up. "Calm down, my lady. I am Private Detective Müller, and I will do everything in my power to assist you. What is your name?"

The woman introduced herself as Helena von Braun and explained that the missing pearls were a family heirloom of priceless value, passed down through generations.

Müller arranged a meeting with Helena von Braun in his office. She told him that the pearls were encased in a family heirloom, a valuable necklace. This necklace had always been the centerpiece of their family, symbolizing prestige and prosperity.

The pearls had vanished during an event at Helena's magnificent estate. No one could explain how they had been stolen, and the police were baffled.

Müller took on the case and began collecting clues and questioning suspects. In the process, he discovered that the von

Braun family harbored many secrets deeply rooted in their history.

The investigation led Müller into the world of Munich's high society. He encountered ambitious businessmen, envious rivals, and eccentric artists, all of whom had a motive to steal the precious pearls.

During his inquiries, Müller also uncovered family tensions and hidden hostilities within the von Braun family. It appeared that not all family members were equally interested in preserving the family heirloom.

Ultimately, Müller unearthed a secret love drama from the past, which was connected to the missing pearls. It turned out that Helena von Braun had experienced an ill-fated love in her youth, and the pearls played a significant role in that story.

The valuable pearls had not been stolen but had been hidden by Helena herself to preserve her memories of the past love. The mystery was solved.

Helena von Braun was relieved when she realized that the pearls had never been stolen. The family could finally find peace and preserve the valuable memory of their past.

Müller returned to his office, feeling the warm spring breeze through the open window. Another case had been successfully closed, and he contemplated how many stories and secrets were still waiting to be unraveled on the streets of Munich.

Das Geheimnis der verschwundenen Violinistin

Es war ein düsterer Herbstabend in München, als Privatdetektiv Müller in seinem Büro saß und den Klang von Regen an den Fensterscheiben lauschte. Sein Büro war erfüllt von Bücherregalen voller alter Krimis und der Geruch von frisch gebrühtem Kaffee. Doch heute sollte sich alles ändern.

Plötzlich ertönte eine melancholische Melodie von einer Geige draußen auf der Straße. Müller horchte auf, denn es war eine Melodie, die ihm bekannt vorkam. Er ging zum Fenster und sah eine junge Frau mit einer Violine, die unter einem Laternenpfahl spielte. Ihr Spiel war ausdrucksvoll und berührend.

Müller erkannte das Gesicht der jungen Frau nicht, aber die Melodie weckte Erinnerungen an seine Vergangenheit. Es war die gleiche Melodie, die vor vielen Jahren in einem Fall aufgetaucht war, den er nie hatte lösen können.

Er fühlte eine Mischung aus Faszination und Verwirrung, als er die Geigerin beobachtete, wie sie die Melodie zu Ende spielte und in die Dunkelheit verschwand.

Am nächsten Tag kam Müller früh in sein Büro und begann, seine alten Aufzeichnungen und Fallakten zu durchsuchen. Die Melodie der Geigerin hatte Erinnerungen an einen Fall aus seiner Anfangszeit als Privatdetektiv geweckt.

Der Fall drehte sich um eine begabte Violinistin namens Elena Schmidt, die vor vielen Jahren plötzlich verschwunden war. Sie hatte eine einzigartige Melodie komponiert, die bald zu einem Hit geworden war, doch dann war sie ohne ein Wort des Abschieds verschwunden.

Müller hatte damals alles unternommen, um Elena zu finden, aber die Spuren waren kalt geworden. Der Fall war nie gelöst worden, und die Melodie war in Vergessenheit geraten.

Jetzt schien die Melodie zurückgekehrt zu sein, und Müller beschloss, den Fall erneut aufzurollen. Er begann, nach Hinweisen auf Elena Schmidt zu suchen, von alten Bekannten bis hin zu den Orten, an denen sie gespielt hatte.

Müller besuchte Konzerthäuser und Musikschulen, um Informationen über Elena Schmidt zu sammeln. Er traf auf Musiker, die sich an sie erinnerten, und Fans, die ihre Musik liebten.

Während seiner Recherchen stieß er auf Gerüchte und Geschichten, die von Elenas plötzlichem Verschwinden sprachen. Einige behaupteten, sie habe eine geheimnisvolle Liaison gehabt, andere sprachen von finanziellen Schwierigkeiten. Doch nichts schien sich zu verfestigen.

In einem verstaubten Plattenladen stieß Müller auf eine alte Aufnahme von Elenas Melodie. Als er sie hörte, überkam ihn ein Gefühl von Nostalgie und Melancholie. Die Musik war so einzigartig und tiefgründig, dass er verstand, warum sie einst die Herzen der Menschen erobert hatte.

Müller begann, sich auf die Melodie selbst zu konzentrieren, in der Hoffnung, dass sie ihm Hinweise auf Elenas Verschwinden geben könnte. Er studierte die Noten, sprach mit Musikexperten und stieß auf etwas Ungewöhnliches.

In der Partitur der Melodie waren versteckte Botschaften verborgen, die nur ein musikalischer Geist wie Elenas erkennen konnte. Es gab Hinweise auf einen Ort, an dem sie sich aufhielt, als sie die Melodie komponierte. Müller entzifferte die Nachrichten in der Musik und fand eine Adresse.

Es war ein verlassenes altes Herrenhaus am Stadtrand von München, das einst einem berühmten Komponisten gehört hatte. Müller begab sich dorthin und fand Hinweise auf Elenas Aufenthalt. Es schien, als habe sie hier gelebt und an ihrer Musik gearbeitet.

Müller folgte den Spuren bis zu einer kleinen Wohnung in der Nähe des Herrenhauses. Dort traf er auf eine ältere Frau, die sich als Elenas ehemalige Nachbarin vorstellte. Sie erzählte ihm, dass Elena vor vielen Jahren zurückgezogen hatte, um in Ruhe an ihrer Musik zu arbeiten.

Als Müller die Wohnung betrat, fand er eine Geige und Notenblätter, die auf einen bevorstehenden Konzertabend hinwiesen. Er folgte der Spur bis zu einem alten Konzerthaus in München.

Dort sah er sie wieder, die Geigerin von der Straße. Elena Schmidt stand auf der Bühne und spielte ihre einzigartige Melodie vor einem begeisterten Publikum. Als sie geendet hatte, trat Müller aus der Dunkelheit und näherte sich ihr.

"Elena Schmidt?", fragte er leise.

Die Geigerin sah überrascht aus und nickte dann langsam. "Ja, das bin ich. Wer sind Sie?"

Müller stellte sich vor und erzählte ihr von seiner Suche nach ihr, von der Melodie, die sie vor so langer Zeit komponiert hatte, und von den vielen Fragen, die ungeklärt geblieben waren.

Elena schien zunächst zurückhaltend, aber dann lächelte sie traurig. "Ich habe so lange vor meiner Vergangenheit weggelaufen. Ich konnte nicht mehr zurückkehren, aber die Musik hat mich gerettet. Es war die einzige Art, wie ich meine Gefühle ausdrücken konnte."

Müller hörte ihr aufmerksam zu und versicherte ihr, dass sie nicht vor ihrer Vergangenheit davonlaufen müsse. Er half ihr, die Wahrheit über ihr Verschwinden zu rekonstruieren. Es stellte sich heraus, dass sie aus Angst vor dem Ruhm und den Erwartungen geflohen war und sich in der Musik verloren hatte.

Elena entschied sich schließlich, in die Öffentlichkeit zurückzukehren und ihre Musik mit der Welt zu teilen. Müller hatte geholfen, ein jahrzehntelanges Geheimnis zu lösen und einer begabten Künstlerin zu helfen, ihren Platz in der Welt zu finden.

Als er sich von ihr verabschiedete und in die Dunkelheit der Nacht trat, wusste er, dass die Melodie, die er so viele Jahre gesucht hatte, wieder in die Welt zurückgekehrt war, um die Herzen der Menschen zu berühren.

The Mystery of the Vanishing Violinist

It was a gloomy autumn evening in Munich as Private Detective Müller sat in his office, listening to the sound of rain tapping against the windowpanes. His office was filled with bookshelves containing old crime novels, and the scent of freshly brewed coffee lingered in the air. But today, everything was about to change.

Suddenly, a melancholic melody from a violin echoed on the street outside. Müller perked up, for it was a melody he recognized. He walked to the window and saw a young woman with a violin playing beneath a lamppost. Her performance was expressive and moving.

Müller couldn't recognize the woman's face, but the melody invoked memories of a case from many years ago, one he had never been able to solve.

He felt a mixture of fascination and confusion as he watched the violinist finish her piece and disappear into the darkness.

The next day, Müller arrived early at his office and began searching through his old records and case files. The violinist's melody had triggered memories of a case from his early days as a private detective.

The case revolved around a talented violinist named Elena Schmidt, who had suddenly vanished many years ago. She had composed a unique melody that had become a hit, but then she had disappeared without a word.

Müller had done everything he could to find Elena back then, but the leads had grown cold. The case had remained unsolved, and the melody had faded into obscurity.

Now, it seemed the melody had returned, and Müller decided to reopen the case. He started searching for clues about Elena Schmidt, from old acquaintances to the places where she had performed.

Müller visited concert halls and music schools to gather information about Elena Schmidt. He met musicians who remembered her and fans who had loved her music.

During his investigations, he came across rumors and stories about Elena's sudden disappearance. Some claimed she had a mysterious affair, while others spoke of financial troubles. Yet nothing seemed to solidify.

In a dusty record store, Müller stumbled upon an old recording of Elena's melody. As he listened, he felt a wave of nostalgia and melancholy. The music was so unique and profound that he understood why it had once captured people's hearts.

Müller began to focus on the melody itself, hoping it might provide clues to Elena's disappearance. He studied the musical notes, consulted music experts, and came across something unusual.

Hidden messages were concealed within the score of the melody, messages that only a musical mind like Elena's could decipher. They hinted at a location where she had stayed when composing the melody. Müller decoded the messages in the music and found an address.

It led him to an abandoned old mansion on the outskirts of Munich, once owned by a famous composer. Müller entered the mansion and found clues about Elena's presence. It appeared she had lived there and worked on her music.

Müller followed the trail to a small apartment near the mansion. There, he met an elderly woman who introduced herself as Elena's former neighbor. She told him that Elena had retreated years ago to work on her music in peace.

As Müller entered the apartment, he found a violin and sheet music that indicated an upcoming concert. He followed the trail to an old concert hall in Munich.

There, he saw her again, the violinist from the street. Elena Schmidt stood on the stage, playing her unique melody before an enthralled audience. When she finished, Müller stepped out of the shadows and approached her.

"Elena Schmidt?" he asked softly.

The violinist looked surprised and then nodded slowly. "Yes, that's me. Who are you?"

Müller introduced himself and told her about his search for her, about the melody she had composed so long ago, and the many unanswered questions that had remained.

Elena seemed reserved at first, but then she smiled sadly. "I've been running away from my past for so long. I couldn't return, but music saved me. It was the only way I could express my feelings."

Müller listened attentively and assured her that she didn't have to run from her past. He helped her reconstruct the truth about her disappearance. It turned out she had fled from fame and expectations and lost herself in her music.

Elena eventually decided to return to the public eye and share her music with the world. Müller had helped solve a decades-old mystery and assisted a talented artist in finding her place in the world.

As he bid her farewell and stepped into the darkness of the night, he knew that the melody he had searched for so many years had returned to the world to touch people's hearts once again.

Das Rätsel des verschwundenen Tagebuchs

Es war ein sonniger Frühlingstag in München, als Privatdetektiv Müller in seinem Büro saß und seinen ersten Kaffee des Tages genoss. Der Duft von frischen Blumen wehte durch das offene Fenster herein, und die Stadt erwachte langsam zum Leben.

Plötzlich fiel sein Blick auf einen Umschlag, der unter der Tür hindurchgeschoben wurde. Müller erhob sich und öffnete ihn. Darin befand sich ein handgeschriebener Brief, auf dem stand: "Hilfe benötigt - Dringend!"

Der Brief stammte von einer Frau namens Amelie Schumann. Sie schrieb, dass ihr wertvolles Tagebuch verschwunden sei. Dieses Tagebuch enthielt ihre intimsten Gedanken und Geheimnisse, und sie konnte es nicht einfach verlieren.

Müller fühlte eine gewisse Neugier und beschloss, Amelie Schumann zu treffen und mehr über den Fall zu erfahren.

Amelie Schumann erzählte Müller, dass das Tagebuch in einem alten Schrank versteckt war, den sie seit Jahren nicht geöffnet hatte. Als sie es endlich wiederfinden wollte, war es spurlos verschwunden.

Sie hatte keine Ahnung, wer Zugang zu ihrem Zimmer gehabt haben könnte, da sie allein lebte. Das Tagebuch hatte jedoch für sie einen unschätzbaren emotionalen Wert, da es Erinnerungen an ihre verstorbenen Eltern und vergangene Lieben enthielt.

Müller spürte, dass es mehr hinter diesem vermeintlichen Diebstahl steckte, als es den Anschein hatte. Er beschloss, den Fall anzunehmen und begann seine Ermittlungen.

Müller durchsuchte Amelies Wohnung gründlich, um nach Hinweisen auf das verschwundene Tagebuch zu suchen. Er stieß auf keine Einbruchsspuren und keine Anzeichen für einen gewaltsamen Zugang. Dieser Fall war rätselhaft.

Während seiner Befragungen von Nachbarn und Freunden von Amelie stieß Müller auf Geschichten von einer mysteriösen Gestalt, die in den letzten Wochen in der Nachbarschaft gesehen worden war. Einige behaupteten, sie hätten sie in der Nähe von Amelies Wohnung beobachtet.

Müller wusste, dass er dieser Spur nachgehen musste. Wer war diese mysteriöse Person, und wie stand sie in Verbindung mit dem verschwundenen Tagebuch?

Müller begann, die Bewegungen der geheimnisvollen Gestalt zu überwachen. Schließlich stellte er fest, dass es sich um einen Privatdetektiv handelte, der im Auftrag einer unbekannten Person arbeitete.

Er konfrontierte den Detektiv und zwang ihn, die Wahrheit preiszugeben. Es stellte sich heraus, dass Amelie eine geheime Erbschaft von ihren Eltern erhalten hatte, von der sie selbst nichts wusste. Das Tagebuch enthielt Hinweise auf den Verbleib dieses Erbes.

Der Detektiv hatte den Auftrag, das Tagebuch zu finden und es einem mysteriösen Auftraggeber zu übergeben. Er gestand, dass er das Tagebuch gestohlen hatte, um seinen eigenen finanziellen Nutzen daraus zu ziehen.

Müller konnte das gestohlene Tagebuch sicherstellen und Amelie zurückgeben. Die Erbschaft ihrer Eltern wurde schließlich aufgedeckt, und sie erfuhr von ihrem rechtlichen Anspruch darauf.

Amelie war überglücklich, ihr geliebtes Tagebuch zurückzubekommen und die Geheimnisse ihrer Familie zu erfahren. Sie bedankte sich bei Müller für seine Hilfe, die nicht nur das Tagebuch, sondern auch ihre Familiengeschichte wieder ans Licht brachte.

Müller saß in seinem Büro und blickte auf die blühenden Blumen draußen. Ein weiterer Fall war erfolgreich gelöst worden, und er wusste, dass die Stadt München noch viele Geschichten und Rätsel für ihn bereithielt.

The Mystery of the Missing Diary

It was a sunny spring day in Munich as Private Detective Müller sat in his office, savoring his first coffee of the day. The scent of fresh flowers wafted in through the open window, and the city was slowly coming to life.

Suddenly, his eyes fell on an envelope that had been slipped under the door. Müller stood up and opened it. Inside was a handwritten letter that read, "Help Needed - Urgent!"

The letter was from a woman named Amelie Schumann. She wrote that her valuable diary had disappeared. This diary contained her most intimate thoughts and secrets, and she couldn't simply lose it.

Müller felt a certain curiosity and decided to meet Amelie Schumann to learn more about the case.

Amelie Schumann told Müller that the diary had been hidden in an old cupboard that she hadn't opened for years. When she finally wanted to retrieve it, it had vanished without a trace.

She had no idea who could have had access to her room as she lived alone. However, the diary held immeasurable emotional value for her, as it contained memories of her deceased parents and past loves.

Müller sensed that there was more to this apparent theft than met the eye. He decided to take on the case and began his investigations.

Müller thoroughly searched Amelie's apartment for clues about the missing diary. He found no signs of forced entry and no indications of a violent break-in. This case was puzzling.

During his interviews with Amelie's neighbors and friends, Müller came across stories of a mysterious figure that had been spotted in the neighborhood in recent weeks. Some claimed to have seen this figure near Amelie's apartment.

Müller knew he had to follow this lead. Who was this mysterious person, and how were they connected to the vanished diary?

Müller began monitoring the movements of the mysterious figure. Eventually, he discovered that it was a private detective working on behalf of an unknown client.

He confronted the detective and forced him to reveal the truth. It turned out that Amelie had received a secret inheritance from her parents, of which she was unaware. The diary contained clues about the whereabouts of this inheritance.

The detective had been tasked with finding the diary and delivering it to a mysterious client. He confessed to stealing the diary to profit personally from it.

Müller was able to retrieve the stolen diary and return it to Amelie. The inheritance from her parents was finally uncovered, and she learned of her legal claim to it.

Amelie was overjoyed to have her beloved diary back and to discover her family's secrets. She thanked Müller for his assistance, which not only recovered the diary but also brought her family history to light.

Müller sat in his office, gazing at the blooming flowers outside. Another case had been successfully solved, and he knew that the city of Munich still held many stories and mysteries for him to uncover.

Die verschwundene Geige

Es war ein warmer Sommerabend in München, als Privatdetektiv Müller in seinem Büro saß und über seine neuesten Fälle nachdachte. Die Stadt pulsierte vor Leben, und der Klang von Musik drang durch das offene Fenster herein. Doch heute sollte eine ganz besondere Melodie sein Leben verändern.

Plötzlich wurde die Tür seines Büros geöffnet, und eine aufgeregte Frau betrat den Raum. Ihr Name war Anna Bauer, eine begabte Geigerin. Ihr Gesicht war von Sorgen gezeichnet, als sie Müller um Hilfe bat.

"Herr Müller, meine Geige ist verschwunden!", rief sie. "Ich habe sie gestern Abend nach meinem Konzert in meinem Wohnzimmer gelassen, und heute Morgen war sie einfach weg."

Müller musterte Anna besorgt. Eine wertvolle Geige zu verlieren, war für eine Musikerin wie sie eine Katastrophe. Er versprach, ihr zu helfen, und sie setzten sich, um mehr über den Fall zu erfahren.

Anna erzählte Müller, dass ihre Geige keine gewöhnliche Geige war. Es handelte sich um eine seltene Stradivari, ein Meisterwerk aus dem 17. Jahrhundert, das in ihrer Familie seit Generationen weitergegeben wurde.

Die Stradivari hatte nicht nur einen hohen finanziellen Wert, sondern war für Anna auch von unschätzbarem persönlichem

Wert. Mit ihr hatte sie ihre größten musikalischen Erfolge erzielt.

Müller begann seine Ermittlungen und besuchte Anna's Wohnung, um nach Hinweisen auf den Verbleib der Geige zu suchen. Es gab keine Anzeichen von Einbruch oder gewaltsamer Entwendung, was die Sache noch rätselhafter machte.

Müller wusste, dass er sich auf die Musik konzentrieren musste, um diesem mysteriösen Fall auf den Grund zu gehen. Er begann, Annas musikalisches Netzwerk zu untersuchen, von Kollegen bis hin zu Konzertveranstaltern.

Während seiner Recherchen stieß er auf Gerüchte über eifersüchtige Rivalen und missgünstige Musiker, die vielleicht ein Motiv für den Diebstahl der wertvollen Geige gehabt hatten.

Müller verfolgte diese Spuren und stellte fest, dass in der Welt der klassischen Musik genauso viele Intrigen und Geheimnisse verborgen waren wie in anderen Bereichen des Lebens.

Müller hatte die Idee, dass die Musik selbst eine Rolle in diesem Fall spielen könnte. Er wusste, wie sehr Anna an ihrer Geige hing und wie intensiv sie mit ihr verbunden war.

Während er Annas Auftritte und Konzerte besuchte, fiel ihm etwas auf. In ihren letzten Aufführungen hatte Anna eine geheimnisvolle Melodie gespielt, die sie zuvor nie gespielt hatte.

Er begann, diese Melodie zu untersuchen, auf der Suche nach Hinweisen. Sie führte ihn zu einer alten Notenausgabe, die in einer verstaubten Ecke des Konservatoriums lag. Auf den

Notenblättern fand er versteckte Botschaften, die auf den Diebstahl der Geige hinwiesen.

Müller folgte den Hinweisen in den versteckten Botschaften und stieß auf ein Netzwerk von Musikliebhabern und Sammlern, die hinter dem Diebstahl der Stradivari standen. Sie hatten Anna's Leidenschaft für die Geige erkannt und versucht, sie mit der mysteriösen Melodie zu täuschen.

Mit geschickten Ermittlungen gelang es Müller, die Diebe ausfindig zu machen und die Geige sicherzustellen. Anna konnte ihre wertvolle Stradivari endlich wieder in den Händen halten.

Die Diebe gestanden, dass sie die Geige gestohlen hatten, um von ihrem Wert zu profitieren. Doch sie hatten die Leidenschaft und das Talent von Anna unterschätzt, die die Geige mit Herz und Seele spielte.

Als Anna ihre Geige zurückbekam, war sie überglücklich. Sie spielte die Stradivari bei einem Konzert, das für ihre Freunde und Bewunderer organisiert wurde. Die Musik erfüllte den Saal, und die Melodie war ein Ausdruck ihrer Freude und Erleichterung.

Müller saß im Publikum und lächelte zufrieden. Ein weiterer Fall war erfolgreich gelöst worden, und die Musik hatte eine verlorene Geige zurückgebracht. Er wusste, dass München noch viele Geheimnisse und Geschichten bereithielt, und er war bereit, jedem Rätsel nachzugehen, das auf seinen Schreibtisch gelangte.

The Vanished Violin

It was a warm summer evening in Munich, as Private Detective Müller sat in his office, pondering over his latest cases. The city was alive with activity, and the sound of music drifted in through the open window. But today, a very special melody would change his life.

Suddenly, the door to his office swung open, and an agitated woman entered the room. Her name was Anna Bauer, a talented violinist. Worry etched her face as she implored Müller for help.

"Mr. Müller, my violin has disappeared!" she exclaimed. "I left it in my living room after my concert last night, and this morning, it was simply gone."

Müller studied Anna with concern. Losing a valuable violin was a catastrophe for a musician like her. He promised to help, and they sat down to learn more about the case.

Anna told Müller that her violin was no ordinary instrument. It was a rare Stradivarius, a masterpiece from the 17th century that had been passed down in her family for generations.

The Stradivarius held not only substantial financial value but also immeasurable personal worth to Anna. With it, she had achieved her greatest musical successes.

Müller initiated his investigations and visited Anna's apartment to search for clues regarding the whereabouts of the violin. There were no signs of forced entry or any indications of a violent theft, making the situation even more mysterious.

Müller knew he had to focus on the music to get to the bottom of this mysterious case. He began to investigate Anna's musical network, from colleagues to concert organizers.

During his research, he came across rumors of jealous rivals and envious musicians who might have had a motive to steal the valuable violin.

Müller pursued these leads and discovered that the world of classical music held as many intrigues and secrets as any other aspect of life.

Müller had the idea that the music itself might play a role in this case. He knew how deeply Anna was connected to her violin and how passionately she played it.

As he attended Anna's performances and concerts, he noticed something peculiar. In her recent performances, Anna had played a mysterious melody she had never played before.

He began to investigate this melody, searching for clues. It led him to an old sheet music tucked away in a dusty corner of the conservatory. Within the sheet music, he found hidden messages that pointed to the theft of the violin.

Müller followed the clues in the hidden messages and uncovered a network of music enthusiasts and collectors behind the theft of the Stradivarius. They had recognized Anna's passion for the violin and had attempted to deceive her with the mysterious melody.

Through clever investigations, Müller managed to locate the thieves and recover the violin. Anna could finally hold her precious Stradivarius once more.

The thieves confessed to stealing the violin to profit from its value. However, they had underestimated Anna's passion and talent, as she played the violin with heart and soul.

When Anna got her violin back, she was overjoyed. She performed the Stradivarius in a concert organized for her friends and admirers. The music filled the hall, and the melody expressed her joy and relief.

Müller sat in the audience, smiling contentedly. Another case had been successfully solved, and music had brought a lost violin back. He knew that Munich still held many secrets and stories, and he was ready to pursue any mystery that landed on his desk.

Das Geheimnis des gestohlenen Diamanten

Es war ein nebliger Herbsttag in München, als Privatdetektiv Müller in seinem gemütlichen Büro saß und seine Akten durchging. Der Blick aus dem Fenster verriet, dass die Stadt sich langsam auf den Winter vorbereitete. Doch eine unerwartete Einladung sollte seine Routine durchbrechen.

Die Tür seines Büros schwang auf, und eine elegante Frau betrat den Raum. Sie stellte sich als Isabella von Braun vor und bat Müller um seine Dienste.

"Herr Müller, ich habe einen Diamanten verloren", begann sie. "Ein wertvoller Erbstückdiamant, der seit Generationen in unserer Familie weitergegeben wurde. Ich benötige Ihre Hilfe, um ihn zu finden."

Müller schaute Isabella von Braun aufmerksam an. Ein gestohlener Diamant versprach eine knifflige Ermittlung, und er sagte zu, den Fall zu übernehmen.

Isabella erklärte, dass der gestohlene Diamant ein Erbstück war, das bei besonderen Anlässen von Generation zu Generation weitergegeben wurde. Die Familie von Braun hatte sich immer um diesen kostbaren Schatz gekümmert, und sein Verschwinden war ein Schock.

Der Diamant war zuletzt in einem Safe im Herrenhaus der Familie aufbewahrt worden. Doch als Isabella ihn überprüfen wollte, war er verschwunden. Es gab keine Einbruchsspuren und keinen Hinweis auf das Verschwinden des Diamanten.

Müller begab sich zum Herrenhaus der Familie von Braun, um den Tatort zu inspizieren. Er konnte kaum glauben, dass ein Juwel von solchem Wert spurlos verschwinden konnte.

Die Ermittlungen führten Müller zu verschiedenen Mitgliedern der Familie von Braun, um herauszufinden, ob es innerhalb der Familie mögliche Motive oder Verdächtige gab. Doch es schien, als wären alle Familienmitglieder aufrichtig besorgt über das Verschwinden des Diamanten.

Während er sich mit dem Personal des Herrenhauses und anderen Vertrauten der Familie unterhielt, stieß Müller auf einige Ungereimtheiten. Es gab Gerüchte über geheimnisvolle Besucher in der Nähe des Herrenhauses in den letzten Wochen, doch niemand konnte genaue Informationen liefern.

Müller wusste, dass er tiefer graben musste, um das Rätsel des gestohlenen Diamanten zu lösen.

Während seiner weiteren Recherchen stieß Müller auf Familiengeheimnisse, die bis in die Vergangenheit der von Brauns zurückreichten. Es gab Geschichten über eine alte Fehde und verschwundene Schätze, die die Familie seit Generationen beschäftigten.

Er begann, die Zusammenhänge zwischen diesen Geschichten und dem verschwundenen Diamanten zu untersuchen. Es schien, als könnte der gestohlene Diamant einen tieferen Bezug zur Familiengeschichte haben, als zunächst angenommen.

Müller konfrontierte die Familienmitglieder mit seinen Erkenntnissen und stellte fest, dass sie bereit waren, die Wahrheit über die Fehde und den Diamanten preiszugeben.

Es stellte sich heraus, dass der gestohlene Diamant Teil eines alten Familienrituals war, bei dem er während einer Zeremonie verwendet wurde. Doch vor vielen Jahren war er bei einem Diebstahl verschwunden und hatte die Familie von Braun in Trauer zurückgelassen.

Der gestohlene Diamant war schließlich bei einem Antiquitätenhändler aufgetaucht und hatte seinen Weg zurück zur Familie von Braun gefunden. Doch die Erinnerungen an den Diebstahl und den Verlust waren so schmerzhaft, dass niemand es wagte, den Diamanten wieder in die Familiensammlung aufzunehmen.

Isabella von Braun hatte den Diamanten heimlich in den Safe gelegt, um die Familie zu versöhnen und die alten Wunden zu heilen. Doch als der Diebstahl entdeckt wurde, hatte sie Angst, die Wahrheit zu gestehen.

Müller vermittelte zwischen den Familienmitgliedern und half, alte Konflikte beizulegen. Der gestohlene Diamant wurde schließlich in einer feierlichen Zeremonie zurückgegeben, und die Familie von Braun konnte endlich Frieden mit ihrer Vergangenheit schließen.

Müller verließ das Herrenhaus mit dem Wissen, dass er nicht nur den gestohlenen Diamanten gefunden hatte, sondern auch dazu beigetragen hatte, eine alte Familienfehde zu beenden. München mochte seine Geheimnisse haben, aber Detektiv Müller war bereit, sie aufzudecken und für Gerechtigkeit zu sorgen, wo immer es nötig war.

The Mystery of the Stolen Diamond

It was a foggy autumn day in Munich as Private Detective Müller sat in his cozy office, reviewing his files. The view from the window hinted that the city was gradually preparing for winter. However, an unexpected invitation would disrupt his routine.

The door to his office swung open, and an elegant woman entered the room. She introduced herself as Isabella von Braun and asked Müller for his services.

"Mr. Müller, I have lost a diamond," she began. "A valuable heirloom diamond that has been passed down in our family for generations. I need your help to find it."

Müller regarded Isabella von Braun attentively. The theft of a diamond promised a challenging investigation, and he agreed to take on the case.

Isabella explained that the stolen diamond was an heirloom that had been passed down from generation to generation during special occasions. The von Braun family had always taken great care of this precious treasure, and its disappearance was a shock.

The diamond had last been kept in a safe within the family mansion. However, when Isabella went to check on it, it had vanished. There were no signs of forced entry and no clues regarding the disappearance of the diamond.

Müller went to the von Braun family mansion to inspect the crime scene. He could scarcely believe that such a valuable jewel could disappear without a trace.

The investigation led Müller to various members of the von Braun family, searching for possible motives or suspects within the family. However, it appeared that all family members were genuinely concerned about the diamond's disappearance.

While interviewing the mansion's staff and other acquaintances of the family, Müller encountered some inconsistencies. There were rumors of mysterious visitors near the mansion in recent weeks, but no one could provide precise information.

Müller knew he needed to dig deeper to solve the mystery of the stolen diamond.

During further research, Müller stumbled upon family secrets that reached deep into the von Braun family's past. There were stories of an old feud and vanished treasures that had occupied the family for generations.

He began to investigate the connections between these stories and the stolen diamond. It seemed that the stolen diamond might have a deeper connection to the family's history than initially assumed.

Müller confronted family members with his findings and discovered that they were willing to reveal the truth about the feud and the diamond.

It turned out that the stolen diamond was part of an old family ritual in which it was used during a ceremony. However, many years ago, it had disappeared during a theft, leaving the von Braun family in mourning.

The stolen diamond had eventually surfaced at an antique dealer's shop and had found its way back to the von Braun family. Yet the memories of the theft and loss were so painful that no one dared to reintegrate the diamond into the family collection.

Isabella von Braun had secretly placed the diamond in the safe in an attempt to reconcile the family and heal old wounds. However, when the theft was discovered, she was afraid to confess the truth.

Müller mediated between family members and helped resolve old conflicts. The stolen diamond was returned in a solemn ceremony, and the von Braun family could finally make peace with their past.

Müller left the mansion knowing that he had not only found the stolen diamond but also contributed to ending an old family feud. While Munich may have its secrets, Detective Müller was ready to uncover them and ensure justice wherever it was needed.